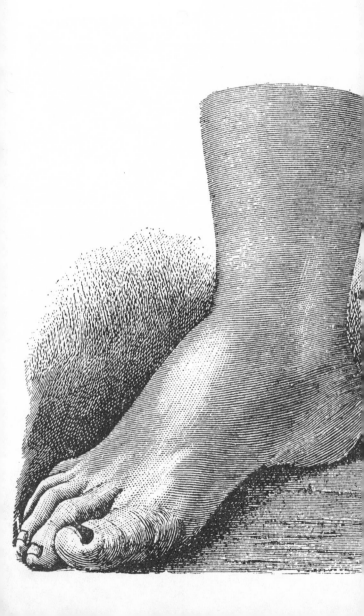

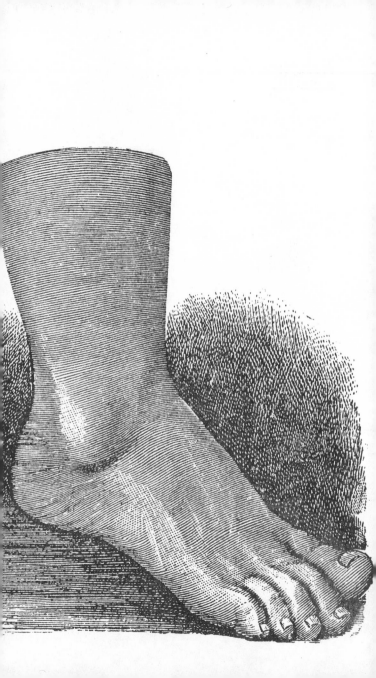

Derechos reservados
© 2010, Luigi Amara
© 2010, Editorial Almadía S. C.
   Calle 5 de Mayo, 16 - A
   Santa María Ixcotel
   Santa Lucía del Camino
   C. P. 68100, Oaxaca de Juárez, Oaxaca
   Oficinas en: Avenida Independencia 1001 - Altos
   Col. Centro, C.P. 68000
   Oaxaca de Juárez, Oaxaca

www. almadia.com.mx

Primera edición: marzo de 2010
ISBN: 978-607-411-036-4

Impreso y hecho en México

A pie
Luigi Amara

A pie

Luigi Amara

Almadía

Para Vivian,
también paseante.

Dejarse ir.
No confiar en nada sino
en la sensación del movimiento.
Un paso
         luego otro
un paso
         luego otro
el sonido desempolvado de los pies
percutiendo sobre el asfalto
aquel camino borroso
que establece el oído
como un tambor ambulante
redoble elemental
              (enjambre
o zumbido interno)
plegaria locomotriz del que rehúsa
ser sólo un pasajero
             hilo
hilo instintivo por el que se deslizan
las cuentas de los pensamientos.

Siz saaz
      siz saaz

la mezclilla que roza
a la altura de los muslos.

Zug
         zak
zug
         zak
la elástica distensión
de los zapatos tenis.

No pensar en nada
sino en la continuidad
de los propios pasos.
El eco que dejamos
sobre la corteza terrestre.

El monólogo del desplazamiento.

Algo menos que un estilo:
un ritmo intransferible.

La huella digital de caminar.

La fuerza de atracción que ejerce
el horizonte de una calle.
Ese estremecimiento hacia la fuga
que proviene del suelo y su planicie.

Asomado a un camino sin final
como el suicida al pie
del precipicio
vuelve el impulso de seguir más allá.
Dar el paso y lanzarse.

                              Dejarlo todo.
Rendirse al vértigo
del horizonte.

                    A la caída libre
del vagabundeo.

Abandonarse.
"Tener abierto el ánimo

a toda clase de impresiones."
Dejar que el pensamiento adopte
el tono de lo que se va viendo.

El arte de saber flotar
al caminar.

Un mero flujo abierto y receptivo
que ha incorporado a su espesor
los pequeños tropiezos
las pausas y vacilaciones
                    la contrariedad.

El trazo
de un dibujante fiel a los relieves
—a los accidentes imperceptibles
                    del papel.

"El humo de la pipa
en el juego del viento."

Quizá porque estuvo inmóvil
buena parte de su vida postrado

en una cama
Robert Louis Stevenson escribió:

"De todas las posibles disposiciones del ánimo
ésta
en la que un hombre se pone en movimiento
es la mejor."

La errática locomoción
de un hombre que no sabe
adónde dirigirse.
Que no quiere ir a ningún sitio
en particular.
Que ha renunciado a la idea
misma de rumbo
y avanza libre por la calle
dejándose llevar por la tensión
de las cosas que salen a su paso
por las solicitaciones del terreno.

Basura colectiva en una esquina.
Mujeres tomadas de la mano
intoxicadas por tanta realidad.

                              Un borracho
dormido a cielo abierto.
Seguir el desparpajo
con que avanza aquel perro.

(El sentido canino
del camino.)

Pero seguir la pista del azar
requiere —según Walter Benjamin—
del aprendizaje de la perdición.
Descender
                    sumergirse debajo
de la vigilancia y las expectativas.
Por debajo de uno mismo
hacia el punto de fuga.

                              Hacia el recomienzo
de la perplejidad.

Perderse es después de todo
la forma más perfecta de ceñirse
a un único propósito.

(La falta de intención
como intención suprema.)

Cualquier punto en el camino
se abre a una encrucijada
imaginaria.
Cualquier punto es la señal
no atendida del retorno.
                    Cualquier punto.

Y siempre se da un paso más.
Zug
                zak.

(La falta de intención
como una afirmación del despropósito.)

Franco La Cecla:

"Perderse significa
que entre nosotros y el espacio
no existe solamente
una relación de dominio
de control por parte del sujeto

sino también la posibilidad
de que el espacio
nos domine a nosotros."

Colonia Roma.
Los mapas superpuestos
de la especulación y del derrumbe.
Ruinas que permanecen olvidadas
como un monumento informe
a la dejadez.
La insistencia tangible del desastre.

Plazas en descomposición
esquinas inconexas de la alcurnia
y los neones
"el pliegue de las calles
como restitución del laberinto".

Calles en las que todo se demuele
                        y adecenta
a pesar de que el aire

aún se respira turbio
entre los muros maquillados.

Zona de la simulación
petrificada.
                    Doliente geología
de las aspiraciones.

Barrio que se disuelve
como un iceberg
en el sopor caliginoso de su jerarquía.
Hay lugares que simplemente mueren
y otros de talante arribista
que luchan contra sí
                        que trepan
en la escala social.

Lugares que prometen la felicidad.
(La arquitectura edificante
de la caja de zapatos.)

"Los lugares mueren como los hombres
aunque parezca que subsisten",
escribió Joubert.

Se puede entender como un desplante.
Avanzar porque sí.
Avanzar para extender un hilo
–el más sutil e indivisible–
para solaz de la mente
                              un hilo
que al cabo se habrá de evaporar.

Pero visto a ras del suelo
desde la perspectiva del rastro
(o de la huella)
cada paso realiza un discreto desplante
un desarraigo de la planta del pie
por despegar.

Un breve
pero incontestable y franco vuelo.

El despegue de la mente
en la caída libre del desplazamiento.

Ese instante de la marcha
en que ninguno de los pies

está en contacto con el piso.
El instante milimétrico
–sólo perceptible por medios mecánicos–
de falta de fricción y gravedad.

                              El instante
en que comenzamos a flotar.

(El cuadro exacto
en la secuencia del trote del caballo de Muybridge
en que todo el cuerpo se suspende en el aire
la instantánea que revela
"el tránsito sin sostén"
                              el vértigo flotante
de la locomoción.)

No el salto
por más suave que sea
de la prisa o la carrera atlética:
el júbilo aéreo
de la irresponsabilidad.

El lapso en que caminamos en el aire.

Una vez que me encuentro vagando
me gusta –como a Hazlitt–
vegetar con la calle.

Hay un placer eminentemente solitario
en dejarse ir
                    doblar la esquina
en vez de seguir de frente
retorcer el camino
hasta hacerlo serpenteante.

Resbalar por la curvatura
de la materia.

Ser arrastrado mecido jalonado
perderme en los objetos
que salen a mi encuentro.

                    Oscilar
de acuerdo a las vibraciones de la calle.

Calle de Durango
                    Plaza de la Romita
donde filmó Buñuel *Los olvidados*
y hoy como entonces las cosas
se suspenden en el aire viciado
                    de su inercia
en el ungüento atrapamoscas
de la vida
          a salto de mata.

Callejones inciertos
                    umbrales
por los que asoman las encías
de la noche insalubre
cuencas vacías de donde sale
y entra gente
como insectos de un cráneo
secado por el sol.

"¡Desobedece!"
                    "Casa tomada."
"Tú sabes que te amo
linda."

La forma en que incide la luz
pertenece a otro siglo
y algo perdura aquí
–sofocante y maléfico–
teñido por la desolación.

                              Algo
quizás el eco de los pasos campantes
que avanzan a la perdición
o esa luminosa calma que presagia
los crímenes.

(Algo: el incauto doblando la esquina
seguido por su vieja sombra
de víctima.)

De cereza de menta se va a llevar
            son de a diez de a diez
son caramelos
            extracto de víbora veneno de abeja

para la reuma para la torcedura

llévelo

llévese el ojo de venado

contra la magia negra   contra

el mal de ojo

de a diez de a diez

bara bara

para el niño la niña

el bonito regalo en formato mp3

Preguntas sueltas

a la salida de una estación del metro

despedidas que el oído retiene

y luego deja ir

como un pez agitado

en las redes de lo que no le incumbe

migajas

migajas de conversaciones telefónicas

que se van hilvanando

como una pista falsa

en cada esquina una migaja más

Hansel buscando a Gretel

en todas las esquinas

aprendiendo a perderse

en el bosque sonoro de la urbe

siguiendo pistas falsas

tejiendo

la maraña del hoy

el palimpsesto

formado por insultos

bocinas

retazos de conversaciones

Toda esa gente

con menos consistencia que los sueños

que roza tu hombro

como una demostración fugaz

de la existencia del mundo externo

rostros que necesitas olvidar

dejarlos que se difuminen

que sigan simplemente su camino

entre la multitud

que desaparezcan

de la caja de resonancia

del cerebro

aun cuando a veces se detengan

de improviso

a mirarte a los ojos.

No es cierto que estés allí
en el lugar al que te lleva tu mirada.
"Sólo aquel que recorre el camino
sabe algo de su potencia."

Es el poder revelador
de estar en movimiento.
Atravesar el espacio
–y no detenerse en él y no habitarlo–
al ras de sus mínimos contornos.

Es el poder del aliento
de tus pasos.
        Recuperar el vaivén
para recuperar también la calle.

Dejarse ir.
        Sin dirección alguna.
A merced de los altibajos
del terreno.
        Sobre el plano
inclinado de la irreflexión.
        Rodando

por la pendiente
como si sólo los pies
fueran capaces de mirar.

"Mantenerse de cara
al sentido del viaje."

Zug
        zak
zug
        zak.

Es la reapropiación dinámica
del territorio.
Ese sistema efímero de relaciones
que cada paso inaugura
y destruye y recompone cada vez.

La vibración pasional del espacio
al cruzarlo.
                    La isla
que inventa el pie
al avanzar.

Atravieso Arcos de Belén
doy vuelta en Revillagigedo
                    doy vuelta
para romper la línea narrativa
para cortar el hilo ya tensado
entre un punto y el otro.

Soltarse simplemente y seguir
impulsado por el estro del cuerpo.

La alegría de los músculos
y su empuje volante.
        (Esa descarga
eufórica del horizonte
en la conciencia bípeda.)

La hipnosis de los pies
en movimiento.

Calle Delicias
donde un pepenador está leyendo
un libro sobre una montaña
de basura
y una mujer fuma sin prisa contemplando
la perspectiva soleada de los muros
en busca de una puerta inencontrable.

Calle Delicias
muy cerca del mercado de San Juan
donde mi abuelo compraba caracoles
(que más tarde a escondidas
nosotros liberábamos
en el jardín)
y hay letreros fantásticos
                              ¿o no?
que ofrecen por ejemplo:

CARNE DE LEÓN

Calle Delicias esquina con Buen Tono
nombres de buen augurio
para seguir flotando.
                    Nombres
de una ciudad hundida

y ya borrada
que cada día se difumina más
en el mapa mental.

Calles donde lo antiguo
resuena estrechamente
con lo cercano.

Oscuras trayectorias de la memoria.

Cadáveres de pollo flanquean
la entrada de unos baños públicos.
Un molino de chile
en el pasillo de un café Internet.
Se arreglan suelas de zapato
patas de silla
                              pedestales
frente a la estética unisex.

Es la contigüidad impúdica
de los comercios.
                    El espacio
ya no es más aquello que impide

que todo esté en el mismo lugar.
Es la ocasión para la simultaneidad
de los estratos.
Las reglas retorcidas de la geometría
al servicio del marchante.

Lobachevsky absorto y embriagado
por el dulce olor a fermento
de los puestos de jugo.

"Todo está a la venta

y si no

pregunte."

La ciudad es una red de pliegues.
Arrugas de la superficie
que los pasos extienden
como el mantel de un picnic sucesivo.

Principio de la densidad abigarrada:
el máximo de materia
en el mínimo de extensión.

El continuo drapeado de la forma
arrastrando consigo
al pensamiento.

Deambular calle abajo.
En sentido contrario al flujo
del deber y los pendientes
en una recobrada contramarea interna
un viaje a contrapelo
por el circuito de mis asociaciones.

Abandonado a mí mismo
–para así también olvidarme
de mí mismo.

Renunciar a la inercia
                        al limo espiritual
del sedentario.
Para propiciar lo que venga

para favorecer el cruce
de las trayectorias.

Todo el vapor que se acumula
en la cabeza
el hedor de la mente regresando
a sus viejas gastadas posiciones
se pone en movimiento y se ventila
sacudido por el ímpetu ambulante.

Errar.
Errar como válvula de escape.

Sentir cómo el pensamiento
respira nuevamente.

Cómo se recompone y cobra vuelo
contagiado por la jovialidad de los pies.
Cómo se desmelena
y le crecen las barbas
de la deambulación dadaísta.
Triztan Tzara marchando
con Kropotkin.

Ya no más una botánica del asfalto.
La irreverente exploración
de lo banal.
                    La desfachatez del paseo
que no persigue nada.
El pulso ininterrumpido
sobre el gran mapa en blanco
de la pérdida de control.

Triunfo de la inestabilidad
                            sobre las decisiones.
De la libre flotación
                    sobre el itinerario.

Dinamita
en la estructura del día.

La desorientación como camino.

Los pies toman por asalto
la cabeza
                    y la desoyen.
Los pies al fin
en el lugar de la cabeza.

Atravesar las corrientes
por las que se desliza
la vida cotidiana.
Sus islas y remolinos.

Aspirar el aire libre y trivial
de las horas muertas.
(La elongación sonriente
de los días de pinta.)

Pasos efímeros
que casi no resuenan
y que al cabo se pierden
en su eco.

Caminata insumisa
a espaldas de los puntos
que brillan en el mapa.

Ponerse en movimiento
para asistir a la transformación
constante del espacio.
        Echarse a andar
en una desubicación errática.

La calle repentinamente lúbrica.
El contoneo desbordante
sobre un par de agujas
de tacón.
La música del cuerpo es un fox-trot
entre los pasillos fugaces
de miradas.

Se apoya en su bastón
el viejo.
        Se tensan en el aire
las jergas de los lustrabotas.
Todo se frena y electriza para ver
los pasos rezumantes de la presa
en lenta cacería.

La candidez vaporosa
con que se escurre y se regala:
                    pura estela.

(La conmoción estática
de la pausa anhelante.)

Nadie silba:
ella ha cortado el aire
y el aliento.

Plaza de San Juan
zigzag hasta la calle Vizcaínas
y entonces al Eje Central
Lázaro Cárdenas.

La constancia del monstruo
                    de la urbe.
El atisbo
del miasma gigantesco.

Una avenida sorda
donde la multiplicidad medra

a sus anchas.
Un riel rugiente y poderoso
para el amontonamiento.

                 Tenderos ambulantes
hormiguero
                          mercancía bajo el sol
        entre los salmos de los merolicos
                             manos
que salen del subsuelo
                       pidiendo para un taco
fragor
             un escote entrevisto
elenco interminable de peinados
                muecas
el murmurante desconcierto
de los pasos sonámbulos.
                    Siluetas evanescentes
para captar al vuelo.

La ética de los cuerpos
que buscan a empujones
su camino.

(La ética frenética.)

¡Bienvenido a la indiferencia
de la multitud!

               ¡Bienvenido
a la incongruente uniformidad
de los marchantes!

Eje Central o el espejismo
de un principio de orden.

               Eje Central
o el vestigio de un trazo
ya olvidado.

Es la belleza de las cosas
que algún día derribaremos
esa belleza indiscutible
de lo que no debe perdurar
de lo que clama a toda costa
               su martillo.

La belleza
de lo que habrá de destruirse.

La ruina prospectiva.

Llevado a cuestas
por la corriente de la prisa
como una hoja perezosa
que cayó
sobre los rápidos del día.

                         Mecido
entre la multitud inabarcable
y el martilleo de los zapatos.

Aquí no hay rastro ni horizonte
sólo hay azar y vértigo.
Cruces
          tropiezos
existencias flotantes
apenas una fracción de segundo
para olvidar un rostro.

("Leer la historia de muchos años
en el breve intervalo
de una mirada."
                    Edgar Allan Poe)

Aquí todos los encuentros
son imposibles.
                    Nucas
        rabos del ojo
perfiles oblicuos que se esfuerzan
por esquivarte y no voltear atrás.

Ritmos a contraflujo
islas de gente discutiendo
            o abrazados.
Niños sujetos por correas
como animales peligrosos.
Miradas inyectadas.

Fragmentos de una ansiedad en busca
de las rayas de cebra
para cruzar su pesadilla.
Cláxones y motores escupiendo
sus insultos de humo.

        Destellos.
Colisiones sin importancia.
Los espasmos maquinales
que producen los roces más ligeros.
                    El retraimiento
a flor de piel.
Sobresaltos de la conciencia.

                    Ondulaciones.
El tráfago que aúlla
y entre dientes maldice
              su impotencia.

Amores peatonales que se difuminan
con el cambio del semáforo.
              (Amores a primera
y última vista.)

El caos en movimiento que abrazaba
                    Baudelaire.

"La multitud no es sólo
el asilo para el desterrado
es el narcótico para el abandono."

Meandros de la masa cuando fluye.
Un escondrijo móvil
un refugio veloz y apabullante
para el que persevera como incógnito.

Aquí no es necesario sonrojarse
ante nadie.
        Es el imán del tumulto
que arropa y vapulea.
El túnel bullicioso
de la introspección.
Flujo de la ebriedad
para comulgar con lo amorfo.

Nadie detrás de nadie
avanzando lado a lado
con nadie.
       La lejanía
de aquellos que marchan junto a ti.

Abre bien los ojos
y no mires.
         No te detengas
no interfieras
         no juzgues
el aislamiento insensible
en medio de los otros.

Únete a la densidad
de esta lombriz narcótica
al paso enfermo y pegajoso

de la criatura híbrida que bulle
y apunta en todas direcciones.

Torcer entonces
en una callejuela solitaria.
Dejar atrás la turbiedad
del ajetreo
            el estertor de fondo
de la urbe.

Un poco de horizonte
para respirar.

Zuug
        zaak.
Cada paso recobra su importancia.

Zuuuug
            zaaak.
Cada paso se extiende con donaire.

El gusto de flexionar el tobillo
como un fin en sí mismo.

Lujo de la zancada aristocrática.

Pasaje peatonal Motolinía.
                    Un remanso
para la esponja inquieta
de la receptividad.
Un espacio no del todo ocupado
por el enemigo.
                    Al margen
de la zona ciega
del trayecto gastado.
Donde la prisa no lo nubla.
Donde la costumbre aún no extiende
su pátina de moho.

El reporte de las cosas
de este lado de la realidad.

El comportamiento del cerebro
a seis kilómetros por hora.

El paisaje no es un anuncio
interminable que corre
frente a ti.

El paisaje es donde sucedes.
La esfera cambiante
de tu sensibilidad.

                La burbuja
constantemente perforada.

No es la secuencia de la cinta
mecánica
             quince minutos diarios
frente al televisor.

Caminar es volver al presente.
Responder a las incitaciones
sin detenerse a su estudio.

                   Atravesar

La velocidad inhibe
toda actividad del espíritu.
(La insensible lobotomía
del motor.)

"El triunfo del velocímetro calma
de una manera ritual
la angustia del perseguido."

Pero los coches emiten
sus trompetillas de sarcasmo:
la estampa cruel de Marinetti
atrapado en un embotellamiento.

Es la estética
de los hombres llevados en bandeja.
El estupor de haber llegado
sin la participación de los músculos.
Sin el ritmo mental
del balanceo.

Zug
        zak
zug
        zak.
Recuperar las calles
para recuperar el propio cuerpo.

La rivoluzione siamo noi
—clamaba Joseph Beuys
andando.
La rivoluzione siamo noi.

La cofradía de los pies en movimiento.
(Un nuevo sentido de la marcha
como estrategia de protesta.)

Caminar.
(La pancarta flotante de un hombre
contra la dictadura de la gasolina.)

Simplemente caminar.

La disidencia del cuerpo
al desplazarse.

La revolución ambulatoria.

París. 1840.
Apóstatas del progreso
sacan a pasear a sus tortugas.
Anarquistas recalcitrantes
se someten de buen grado
a su *tempo*.

La sensación quelonia
de la mente.
                    Aquiles jalonado
por la reconciliación con su mascota.

Es el reaprendizaje de la lentitud.

La ambrosía de retardar
los regresos.

No oponer resistencia
a la corriente de la calle.

Robert Walser:

"Dar la bienvenida
a toda clase de extrañas
y peculiares manifestaciones.
Hacer amistad con ellas."

Cuando no se persigue nada
la desviación es parte
de una línea ininterrumpida.
     "Si uno ya sabe lo que busca
no hay hallazgos posibles."

Reconocer a lo lejos
el temple inconfundible
de la vagancia.
Ese guiño de complicidad
de tácito asentimiento
entre dos miembros de una logia
secreta:
cómo se desliza por encima
de las cosas
                divagante y abierto
cómo flota en silencio
receptivo y elástico.

Diletante de lo imposible
bajo un cielo despejado
de preocupaciones.

Viandante anónimo
–mi semejante mi hermano–
personaje escurridizo
del que sólo me importa conocer
el flujo de tus pies.

Caminar es la última forma
de estar solo.
Un estado superior de conciencia
al mismo tiempo alerta y reflexivo
en que la arquitectura
–arte de la exclusión–
se transforma en espacio del andar.

Arquitectura cinética
por obra de la profundidad
de campo.
                    Arcos
frisos
        ladrillos
actuando directamente
en el estado de ánimo.
Modelando al pasar
el comportamiento afectivo.

El ruido de la cebolla frita.
                    Olores
para los que no se está del todo
prevenido.
                Bloques de hielo
(dejados cada mañana
sobre el pavimento)
                        languidecen
bajo la insidia del sol.
Perros indiferentes
casi sabios
        sultanes de la banqueta.

Corcholatas sembradas
en lo más hirviente del asfalto.
Constelaciones oxidadas del suelo.

Dejarse llevar
y su contradicción necesaria:
los efectos de la trayectoria
y las interferencias.
                          La reverberación
de los cambios de rumbo.
Excoriaciones en la conciencia
de lo que Guy Debord llamaba
"el terreno pasional".

La mancha de cemento invade
las circunvoluciones del cerebro.

Caminar es volcarse en uno mismo
a través de la atención periférica.

Convertirse en ese pasajero absorto
que alcanza el grado máximo
de la contemplación shandy:
digresión y paréntesis
sin desatender los detalles.

El trote solitario de los pies
y su creciente locuacidad
reflexiva.
          El hilo
que parece ya roto
a fuerza de salirse de tono.

De re ambulatoria.

La lucidez expansiva
de tardes peripatéticas.

Zug
       zak
zug
       zak.

El pensamiento
como forma de locomoción.

Callejón de la amargura.

La tentación
de cambiar de domicilio
en honor del nombre de una calle.
Mojón plantado en el camino
para seguir por zonas residuales.

Por detrás
de la consagración de los sitios
turísticos.

Ya no los monumentos
sino la suciedad de su reverso.
Ya no la estatua ecuestre sino
su sombra en la calle agrietada.
Los baches y agujeros de la urbe.

El acné que pisamos.

Cicatrices del sismo
en el cemento.

Charcos prehistóricos
en los que bulle
el caldo primigenio de la vida.
Capas geológicas
de mugre.

La inminencia morbosa del tropiezo.

La imagen sobreexpuesta
de lo que "debe verse".
Los edificios

                    parques

        plazas
marcados con tres estrellas
en las guías.
Itinerarios de media jornada
para decir "también estuve".

Las rutas de avidez
de la instamátic.

El tiempo libre minado
por obligaciones.

Palomear en la agenda del mapa
cada encuentro
                        cada cita cumplida
con la historia y el arte.

Rápidas inmersiones
en lo pintoresco.

Los compromisos con aquello
que nadie puede perderse.

"Como fotografiar una fotografía."
"Como caminar sobre una fotografía."
                        Robert Smithson.

La ilusión de la vista de pájaro.

El espejismo panorámico
del mapa en el bolsillo.
(La infradelgadez de su superficie
frente a la exhuberancia
de las dislocaciones.)

El trazo aséptico
de calles y cruceros
para orientar únicamente al dedo
que lo surca.

              "Usted está aquí."

La risa cartográfica.

Recorrer la ciudad es contar
una historia cuyo final
se desconoce.
En esta ciudad sin límites
sobre esta topografía ilegible
tachada
sólo es posible descifrar cada rincón
mientras se avanza.

Las regiones del mapa
fuera del radio de los ojos
son un papel desplegándose.

Caminar sobre la cuerda floja
de lo desconocido

hasta sentir el vértigo de las calles
                    en blanco.

"La distancia es el silencio
del trayecto."
                    Un mapa
siempre está por dibujarse.

La ciudad es portátil.
A cada paso se desdobla.
Se alisan los pliegues del terreno
mientras se activan las perturbaciones
de la memoria.

Trayectorias discordantes de lo vivido
y sus desfases.
Las desviaciones y accidentes
de la vista.

Desencantos.

Cataclismos ínfimos.

Deslaves que subvierten

las expectativas.

A veces reconocimientos.

El estrato de huellas de los otros

y la aglomeración de los propios recorridos

fantasmales.

El hormigueo

de los barrios en la sangre.

La ciudad es provisional.

Un recorrido entre los recuerdos

y las ausencias.

Entre

las calles de la mente y el azar

de los acontecimientos.

Encrucijadas.

La ciudad es el trazo invisible

que uno deja.

La línea inmaterial de tinta

que apenas se despega

del suelo.
El hilo indestructible
que sólo pervive en la cabeza.

La estela que articula
y une los paisajes.

Mapa de la memoria derruida.

Francesco Careri en *Walkscapes*:

"La ciudad nómada
es el propio recorrido
el signo más estable
en el interior del vacío
la línea de la ciudad
es la línea sinuosa dibujada
por la serie de puntos
en movimiento."

La urbe como una larga oración
manuscrita.

Esa línea de tinta que escribimos
sobre un papel mil veces borroneado.

La estrechez de la ciudad
que cada quien construye
con sus pasos.
                    El rostro insobornable
y verdadero de las trayectorias.

Aquel triángulo amnésico
entre la casa
                        el trabajo
y el supermercado.

La vida secreta
de los trayectos públicos.
                            La vida
sin ambages desde las alturas.
Terco tachón
–sin variaciones sin escapes–
bajo el tizne deslavado
del futuro.

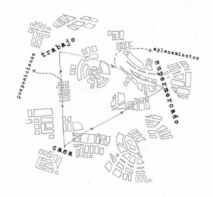

La ciudad es el propio recorrido.
Es la maraña íntima.
La capa evanescente que se agrega
al cúmulo de sedimentos.

                    Desgarradura
de la trama última.

Con guiño de complicidad un hombre
me entrega la contraseña
de un volante:

                Cine Venus.
Me detengo.
            El sol
de la una y media de la tarde.

Caballeros avergonzados
de sí mismos
contemplan en la marquesina
carteles triple X
escrupulosamente de espaldas.

Un alto al fin para la errancia
de la mirada deseante.
                    Una puerta
que se abre sin preguntas.
Los pasos subrepticios.

(La liviandad
un tanto deprimente
de las sombras.)

Y allá van incómodos
mordidos
por los tábanos insaciables
                    de la culpa
a exacerbar su soledad
—de espaldas a sí mismos—
a encapsularla en cabinas pegajosas
hasta hacerla estallar
insoportable.

Zug
> zak

zug
> zak

la calle de Donceles
otra vez.
Un corredor del alma
y no una calle.
> Un *déjà vu* poblándose

de polvo.
Paisaje del automatismo.

Línea obsesiva que subrayo
de arriba abajo
en busca de algún libro.
> Recuerdos

de segunda mano.

Condensaciones instantáneas
en la raída cartografía sentimental.

Huir de aquí.
          Escapar
del consabido triángulo.
Romper la inercia amnésica
que me devuelve aquí.
La placidez artrítica
del que regresa.

Largarme.
Ya no encontrar mi rostro
reflejado en las vitrinas
de esta calle.
Mis ojos en los ojos de todos
los desconocidos.

Que la multiplicidad desplegándose
no hable por una vez
de mí mismo.

Salir del circuito
cerrado de mi mente.

Hacia la ciudad efímera y mudable.
Hacia el blanco marginal
del mapa.

Hombres astrosos miran
con perfecto desdén
a los oficinistas.
Jóvenes desocupados
en la penumbra de un muro en ruinas
silban sin mucha convicción
a las muchachas.
Miradas insistentes que preguntan
desde hace años
                    "¿qué me ves?"
y el hombre indefinido que obedece
y baja la mirada.

Es hora de comer
en el relámpago del día.

                              Es la hora
del cruce abigarrado de miradas.

Familias de ojos
se asoman de un zaguán
más terribles que un grito.
Un niño
suelta la mano de su madre para ver
la fila india
                    tambaleante
de los músicos ciegos.
La ingravidez de sus pupilas.

Miro hacia atrás sobre mi hombro:
todo se inclina hacia la fuga.
Todo se desvanece y evapora
como un fantasma en el asfalto.
                         Ritmo.
El ritmo atropellado de las ratas
que abandonan la nave.

Los atractivos de avanzar
por la tangente.
                    El impulso centrífugo.

Escurrirse sin prisa
hacia la ausencia.
                    Dejar atrás
el rostro complaciente de la urbe.
Abandonar de un salto
el terreno de cartón
la postal plastificada
del turista.
                    Todas estas calles que simulan
ser ellas mismas.

En dirección poniente.
                    Hacia
el limbo desparramado
de la periferia.

Zug
        zak
zug
        zak.

Alicia descendiendo
a los suburbios.

El centro es todo aquello
que hay que dejar atrás.

                   Ojo desorbitado
de huracán donde no sopla
el aire del descanso.

Permanecen las cicatrices
de la dispersión.

               Las suturas
entre las planchas de cemento.
Retazos de ciudades yuxtapuestas
bajo la nata ubicua.

               Bajo
la turbiedad irrespirable y adictiva
de lo que era el cielo.

La bestia desmembrada
en su expansión.
Rebabas de la bestia
voraz en su grisura.

          Hatajo de ciudades.

En el puente en penumbra
en ese subconsciente de concreto
y acero de las avenidas
en los intestinos de moho
e inmundicia
cruza el vagabundo
de los días flotantes.

Va envuelto en un halo
de silencio.
Tiene el cuello vencido de las aves
que sueñan con carroña.

(Traje de trozos de cartón.
                    Corbata
con hilachas mugrosas
de una jerga.)

Empuja un carrito del súper
en el que guarda sobras
restos:
un inventario desolado del mundo.

La gente le rehúye porque entiende:
es un monarca recorriendo su reino.
                    Un patriarca
en la montaña sensual de los despojos.

Levanta una lata del suelo.
Luego otra.
Como un doctor que escruta
el tórax moribundo de un enfermo
escucha su interior
                    el pulso
secreto de los desperdicios.

Antes de arrojarlas al cosmos
de su casa ambulante
las escucha.
Conchas dispersas de la playa de asfalto.
                    Conchas
para escuchar el mar inabarcable
del estruendo.

Zug
       zak
zug
       zak.

Los obscenos tentáculos
del Circuito Interior.
La fragua del espanto y de la asfixia.

El peatón es lanzado
a la vorágine del tráfico.
A su energía anárquica.
Al peligro incesante y el terror
de estar aquí
                en medio de la calle
que alguna vez fue suya.

Reservas de incivilidad.
Aquí las calles pertenecen
al congestionamiento.
                        Aquí
no hay sitio ya
para el nostálgico *flâneur*

que todo lo registra sin rozarlo.
Que flota libremente
sin que nada lo afecte.

Aquí es preciso avanzar
entre lo contingente
                    en penoso zigzag
entre los autobuses.
Burlando taxis
                    charcos
obras olvidadas
de reconstrucción.
Las pocas bicicletas kamikaze.
Sorteando
la cita con el accidente.
                         Aquí
la idea del bulevar ya fue arrollada
por los ejes viales.

El anuncio mordaz
de Johnnie Walker
en el horizonte de una vía primaria:

KEEP WALKING

Sí. Aquí.
                    Continúa
caminando entre las ráfagas
de coches.
                    Esquiva
vuela
                              elude
completa la faena tortuosa
de torero
                    donde no existen
puentes ni franjas peatonales.
Aquí donde la acera
se angosta hasta la sorna
de una cuerda floja miserable.

El peatón reducido a *rara avis*.
Funambulista de su desventura.

                    Dando giros
contorsiones inesperadas
                                        quiebres
para cruzar tan sólo al otro lado
de la calle.

La política de Le Corbusier años después
de alcanzar su *expresión magnífica:*

"¡Coches, coches!
                    ¡Rápidos, rápidos!
Uno se siente embargado
lleno de entusiasmo y de alegría…
La alegría del poder.
El simple e ingenuo placer de estar
en medio del poder y la fuerza.
Uno participa de ello.
Uno confía en esta nueva sociedad:
encontrará una expresión
magnífica de su poder.
Uno cree en ello."

La conjura de los urbanistas.

El barón Haussmann multiplicado
por el bienestar de los escombros.
Burócratas ungidos
como nuevos Artistas
de la demolición

                        reubican
trazan
        vuelven a derribar
erigen murallas de concreto
inauguran carriles exclusivos
para el hombre motorizado.

El tráfico se muda a las alturas.
                     Segundos pisos
de la marginación del hombre
de la calle.
            Pasos a desnivel
para nunca toparse con la chusma.

No han estado aquí.
No han puesto nunca un pie
sobre la huella de otro hombre.
               Jamás se bajarían
del flujo permanente de ilusión
para cruzar esta vitalidad
desarrapada.

"¡Debemos acabar con la calle!"

Le Corbusier.

Renunciar al proyecto
de una fisiología de las calles.
Tomar sólo sus pulsaciones

es decir:

adoptarlas.
Vibrar sobre la tela de asfalto

del tambor.

Dejar
que sobresalte el corazón
su torrente lisérgico.

Hongos psicotrópicos a 50 metros.

Creación de interferencias
incendiarias.
La promesa imprevista
del despegue tóxico.
Caminar con su influjo
resbalando falaz por la garganta.

Cruzar —al menos—
del lado salvaje de la calle.

El hombre que escupe lumbre
es poca cosa frente al fuego
que sale de los ojos
de los conductores.
      La rabia en el pedal
cuando el paisaje se ennegrece
por la efigie abominable
del paseante.

¡Borrar del mapa al hombre
que camina!
             ¡Que use los pies
para salvar su vida!

¡Vrooooom!

¡Vroooooooooommmm!

El juego de video
de cruzar una calle.

Rastros de pólvora diseminados
directamente en la pared.
Muros convertidos en cuadernos
de notas de denuncia.

Artistas de la madrugada urbana
rocían proclamas gráficas
en el oasis de las bardas.

Son los letreros rupestres
del esténcil.
        El gesto arcaico
de decorar las cuevas
de las megalópolis.
La irresistible invitación de mancillar
una pared

(penada todavía
como acto vandálico).

LUGAR APTO
PARA AUTOCUESTIONARSE

No al pinche fraude

Denuncias marginales
al servicio de nadie.
                    Esputos
de ascendencia pop.

Decodificaciones de un vistazo.

CAMBIO DE SISTEMA...
SOLAR

Es el trasfondo delirante del grafiti.
La delimitación atávica
del territorio.
                    Dudas
máculas persistentes
sobre la complacencia edilicia.

Los años treinta:
David Alfaro Siqueiros recorre
América con un aerógrafo.
Lleva plantillas de hojalata
para tatuar las fachadas
de las buenas conciencias.

"¡Échenle flit! ¡Échenle flit!"
clamaba en Buenos Aires
con la flagrante dinamita
del spray indeleble.

Encender la mecha de tinta
del terrorismo poético.

Fractura visual.

                Antipublicidad.

Gritos urbanos para el ojo.

El sabotaje del arte

contra sus complacidos cimientos

cenagosos.

Ruido en aerosol

que toma por asalto al desprevenido.

                Las calles

como un largo papel estridente.

Pequeñas incisiones.

                Muescas.

Aullidos de resistencia

que ensombrecen

el gran aparador de la ciudad.

Los embozados pasillos

del gran supermercado

de la urbe.

El consumo reescribe
las leyes de la perspectiva.

                  Reconfigura
la totalidad el espacio
y lo convierte *en su propio decorado.*

Rebajas

                alfombra de bienvenida
meses sin intereses

                       todo al 2 x 1

      ¡no lo piense más!

La histeria ensordecida
de la mercancía.

              El movedizo tapiz
de la publicidad.

Las calles como un dédalo
de escaparates.

Todos los caminos llevan
al dulce tintineo
de la caja registradora.

Pasa un vendedor de chicles.
Se detiene a peinarse en la vitrina
de lo que no podrá jamás
comprar.
Se mira en el espejo deformante
de los maniquíes.
                              Sólo su sombra
traspasa los umbrales.

Es el apogeo procaz del vidrio.
El confort postergado
como una irradiación del Más Allá.
Reclamos fugaces para el ojo
que instaura en su aceleración
un desfile de avidez estroboscópica.

Arquitectura de cristal.

La desazón envuelta
hermosamente para regalo.
"Toda planificación urbana
modela la participación en algo
de lo que es imposible participar."
                    Raoul Vaneigem.

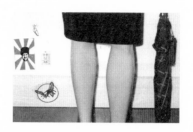

La belleza de las cacas de mosca
en las paredes de cristal.
Los escupitajos gráficos que enturbian
las vitrinas y sus espejismos.
Aquellos "fotomontajes naturales"
en que Lisette Model captó
la simultaneidad.

El reflejo del ansia
del paseante
cuando es devuelta por los vidrios.

Echarse a andar
y despertar con nuestros pasos
el teatro inmóvil de los aparadores.

El lugar donde me detengo
a amarrarme la agujeta.
Un metro cuadrado de cemento
y nada más.

El trozo casual de pavimento
que lo es todo.
Masa continental que flota
entre los torbellinos de la prisa.
La zona en que me convierto
en un estorbo.

     Isla.
Isla imprevista
que todos tienen que esquivar.
     El alto
de la fosilización de las pisadas.

La impavidez de los que cruzan.

Territorio sustraído al flujo
para un picnic mental.
El tiempo caricioso
              de la pausa.

Un alto para girar 360 grados
alrededor de mí mismo.

Para preguntarme en silencio
¿hacia dónde?

(En el suelo las hormigas se acercan
a mi sombra.
Cada tanto se atreven a cruzarla.
La línea de mi sombra como un límite
como frontera decisiva.)

Giro la cabeza meditativamente
con la lenta teatralidad
de la impostura:
                    ¿hacia dónde?
El mismo plano inclinado de la calle
en todas direcciones.
                         Puntos de fuga.
        Pasajes.
Tentaciones para la rotación indecisa
del ojo.

¿Hacia dónde?

(Y la hormiga nerviosa que camina
a lo largo de la orilla
de mi sombra.)

Dar otro paso.

Destruir el hechizo
de la encrucijada
con la irresponsable certeza
de la acción.

Un paso
                y luego otro
un paso
                luego otro.

Salir del fango metafísico
con la flexión del pie.

Zug
        zak
zug
        zak.
El pensamiento recupera el ritmo
de su propio ritmo.

Cemento.
La alegría del cemento
y sus matices.
Monolitos impuestos al paisaje
como tercas sentencias.
Signos enfáticos de admiración
que rascan con su insipidez
la altura.
        Sintaxis ilegible
y opresiva.

Multifamiliares del futuro
que ya alcanzaron el orden
de las ruinas.
        Balbuceos de granito
que el viandante recorre
a la manera de un extraterreste.

"La desorientación arquitectónica
es otra forma de la desorientación
espiritual."

        Salvador Novo.

Cambia también el paisaje
del cabello:
Copetes rockabilly

               flecos emo
bucles de suspirante secretaria.

El ronroneo
que dejan tras de sí las colegialas.

             Playeras redundantes
que enfatizan:
"Cada día estoy más buena".

Cambia también el paisaje del veneno:
un niño inhala un mundo
mejor que éste
del cuenco interminable de su mano.

El rechinido ominoso
de las llantas.
El golpe contundente y seco.
Ese instante posterior
en que las cosas
contienen el aliento.

Ya la parvada de ojos
se cierne sobre el infortunio.
Aves de carroña
               del dolor ajeno
atraídas por el grito irresistible
de la sangre.

(La orfandad del zapato
a pocos metros del cuerpo.)

Los mirones en círculo.

Cubrirse el rostro un instante
para después abrir los ojos.
Cuchicheos.

El tejido
inconexo de versiones.

Hombres reunidos por el amor
a la crueldad
            por su ración diaria
en la dieta de horrores.
"Al menos
nosotros nos salvamos."

Morir aquí
a mitad del camino.
Entre un paso y el otro
como Walser.

El cuerpo yerto que dibuja
el punto final del recorrido.
            El cuerpo
es una mancha que interrumpe
la línea que avanzaba.
            Hilo
que pierde su tensión
abruptamente.

A la distancia
se escuchan las sirenas.

Los peligros de avanzar
sin apoyarse en nada.
El miedo que deforma el rostro
del *flâneur*.
Los pasos descompuestos
de la malandanza.

La tiza de sombra sobre el suelo
dibuja la inminencia
de la víctima.

Ese estremecimiento
de partir por la mitad
una rayuela torva:
hoscos gañanes lanzan
monedas al borde del abismo.

El suelo de pronto quebradizo
debajo de los pies.

Lo incierto
se transforma en amenaza.

La muerte bostezante
                        agazapada
a la vuelta de la esquina.

"Ya no avanzo seguro
por la calle de mis nervios."

Por su temple el paseante
es siempre sospechoso.
No tiene rumbo
                        escruta
vuelve al mismo lugar
con pisadas de gato carterista.

Inspira desconfianza
el husmeador.
            ¿Qué esperarse de un hombre
sin objeto alguno?
Con qué descaro merodea
interroga

        siguiéndole los pasos
a cualquiera.

"En este país se está obligado
a tener obligaciones;
no se puede ir a cualquier lugar
sino a *un determinado* lugar."

Zug
     zak
zug
     zak.
¿Dónde estoy?

La ciudad se abre a su inanidad.
A su nada.
         A la vastedad
de los lotes baldíos.

Perderse es una forma fluida
de perder el yo.

Intersticios
para el exilio ambulante
de uno mismo.

Pisadas de un alma en pena
que se interna
en los parajes de la periferia.

El quiebre de las certidumbres.

Muros de contención.
Árboles que reventaron
su prisión de pavimento.
Terrenos baldíos o el oasis
fortificado para la maleza.

La larga frase de una calle
repitiendo su polvo.

Zonas inertes que fracturan
la saturación.
Fábricas desmoronándose
en su olvido.

La bestia en su avidez
                        cuando engulló
lo que eran las orillas.

Cortar con el cuchillo del andar
los temperamentos aprendidos
de los barrios.

Zug
        zak
zug
        zak.

Arrojar el papel falaz
de la ciudad.
                        Los jirones
obsoletos del mapa.

Contracartografía.

Una caminata por la luna
de la colonia de a lado.

Agujeros.

              Ladrillos rotos.

Un tendedero en la torre
de alta tensión.

Ballenas encalladas
en un desierto de grava:

                 los esqueletos
de los edificios.

El ojo de la alcantarilla abierta.
Su lección fétida
de abismo.

          (Ojo de cerradura
para mirarse en el espejo
subterráneo.)

El grasoso arcoiris
de los charcos de aceite.

               La alameda
desolada de las chimeneas.

El panorama cero del *land art*.

Un estacionamiento en donde juegan
—como en un cuadro
de Giorgio de Chirico—
un partido pausado de beisbol.

Alguien se barre en la almohadilla
de una llanta.

Zona de los rechazos
y trastornos.
                        Reflejo
de los suburbios de la mente.

Terrain vague.
Ignasi de Solà-Morales:

"Lugares externos olvidados
islas interiores
vaciadas de actividad
olvidos y restos
que permanecen fuera
de la dinámica de la urbe."

La ciudad demolida
y nunca recobrada.
La obra negra permanente
de lo que nunca podrá ser.
Los territorios residuales.

Ruinas en construcción.
        Escombros
de hace pocos segundos.

Las ruinas al revés
de Robert Smithson.

Un sofá en la banqueta.
La mesita de noche
es un viejo tronco segado.

Una muchacha escapa de su vida
mientras barre
la alfombra invasora del liquen.

Los muebles desplazados
de los desplazados.
                    El interior expuesto
al sol e itinerante.

El espejismo del fin
de la ciudad.
Los llanos imposibles
que no llevan al campo.

Interrupciones.

Mallas ciclónicas
resguardando el vacío.

La ciudad no termina aquí
porque *sabemos*
que no se acaba nunca.

Tan sólo es la mitad
de un pliegue.
                    Un rizo más
del intestino grueso
de la urbe.

El tercero o cuarto de sus círculos.

La necesidad de seguir
en movimiento
y no llegar a nada.

Zug
            zak
zug
            zak.

La inmanencia insaciable
del camino.

Todo se agota en el paso
que transcurre.

Calles por las que nadie
nunca avanza.
Cada paso es el comienzo
              y el fin.
Al mismo tiempo un ir
y un retroceso.
O nada.

Nada.

Me detengo.

Éste es el centro
de ninguna parte.

Un erial de cemento
sin mañana.
Donde los nombres de las calles
ya no importan.
              Donde

no existe la promesa
del reposo.

Ésta es la puerta abierta
de cualquier lugar.

El sitio en que la mente
reencuentra sus despojos.

No llegar.
Tan sólo detenerse.

La línea se resuelve en mancha.

Cortar el hilo errante
del paseo
            y no llegar.

Alcanzar simplemente
el silencio del cuerpo.